プロローグ

世界最古の神話

「イナンナの冥界下り《めいかいくだ》」は紀元前二〇〇〇年くらいに、シュメール語で書かれたメソポタミア神話です。

しかし、その原型はそれよりずっと古く、おそらく紀元前三〇〇〇年くらいには神話としての形ができていて、それが口承によって伝えられてきたものが、紀元前二〇〇〇年くらいに文字化されたのではないかといわれています。「書かれた」といっても紙にペンで書いたのではなく、粘土板に葦《あし》のペンで楔形《くさびがた》文字として書かれています。

そんな大昔の世界最古の神話のひとつが「イナンナの冥界下り」なのです。

本書を書くきっかけになったのは、この「イナンナの冥界下り」を上演しようと思ったことです。この数年、「冥界下り」シリーズとして、『古事記』の冥界下り、ギリシャ神話の冥界下りと時間をさかのぼりながら上演してきていますが、もっとも古い時代、すなわち世界最古の冥界下りとしてたどりついたのが「イナンナの冥界下り」でした。

「イナンナの冥界下り」（以下、「イナンナ」）を、高井啓介先生のシュメール語講座で読んだときに、まずはその語り物としての音律の面白さに、「これはシュメール語で、そのまま上演してみたい」と思いました。そして、現存する世界最古の劇形式である「能楽」を柱に上演するべく、その準備を始めたのです。

すると、どうもこの上演はただのパフォーマンスで終わらないような気がしてきました。

前著『あわいの力』（ミシマ社）でもふれた「心の次の時代」のことを考えるのに、とても重要な作品だと気づいたのです。「イナンナ」は私たちに、「心」の問題や「女性」の問題、さらには「死」の問題などを考えることを要求しますが、本書ではその中でも「女性」の問題を中心にお話ししていきたいと思っています。

ですから、本書は『イナンナの冥界下り』とタイトルにはついていますが、この神話の純粋な解説本ではありません。むろん「イナンナ」の現代語訳やあらすじなどを収録しています。が、メソポタミア神話自体はきっかけです。「イナンナ」を中心に、洋の東西、時の古今を横断・縦断して、あれこれ考えていきたいと思っていますので、日本や中国の話も多く扱っています。

「メソポタミア神話の本だと思って買ったのにだまされた」と怒らないでくださいね。

「心の時代」のはじまりと終焉

本書では「イナンナ」を読みながら、主に「女性」についてお話ししていきます。あとで詳しく述べますが、イナンナというのは、アフロディーテーやヴィーナス、聖母マリアなど女神の源と言われています。そんな、「女性」の大もととも言える「イナンナ」を知るためには、まずは、「心」について知ることから始めなければなりません。

その手始めとなるのが、「心」という言葉は、案外新しいということです。

私たちに馴染《なじ》みの深い漢字の例でいえば、「心」という漢字ができるのは、漢字の発生からおよそ三百年を経たあとです。年代でいえばおよそ紀元前一〇〇〇年。漢字発生時の紀元前一三〇〇年ごろには、数え方にもよりますが、すでに五〇〇〇文字ほどの漢字がありました。しかし、その中に「心」という文字はないのです。

「心」という文字がなければ、それを部首とする「悲」「悩」「恨」などの感情を表す漢字もありません。

これはシュメール語でも同じです。シュメール語において「心」を指すであろうと思われる言葉は「𒊮(シャグ Šag4)」で、これは「内側」や「内臓」なども意味する言葉です。「イナンナ」の中でも、「涙を流す」や「腿《もも》を叩く」のような感情を表現する身体行為は多出しますが、感情を表す語は漢字同様少ないのです。

文字の発生当時には存在しない「心」という文字は、文字が生まれてからある程度の時が経ってから、ゆっくりと生まれ、そして古代中国の例をとれば、さらにきわめてゆっくりと増加していきます(ある時期を境に爆発的に増加するのですが、その話は本書の範囲を超えますのでまたいつか)。

ということは、「心」ということ自体が文字によって生み出された新興概念だということができるでしょう。

あえて挑発的な言い方をすれば、古代の人には心がなかったのです。

あ、ここでひとつ注意を。

「心」というのは非常に幅広い意味を持つ語ですし、しかもそこに感情がついてくるので、「古代の人には心がなかった」なんていうと「そんなバカなことがあるか」と怒る人が必ず出てきます。

現代の私たちは「心」にさまざまな意味や心象《しんしょう》を付与していますが、いまはそれを忘れて、漢字発生時の「心」の作用、すなわち「時間を知ること」と、そしてそれによって「未来を変える力のこと」だと理解してください。

人は「心」を獲得したことによって、本来は見えないはずの「未来」を可視化することができるようになり、それまでは「変えることができない」と思っていた未来を変えることができるようになったのです。

殷《いん》（商《しょう》）の時代には生贄《いけにえ》たるべく運命づけられていた「羌《きょう》」と呼ばれる部族の人たちがいました。彼らは動物たちと一緒に狩猟の対象になり、そして多くの羌人がさまざまな方法で生贄として殺害されています。そんな羌族が「心」を手に入れ、そしてそれによって、その運命を変えようと思い、殷周《いんしゅう》革命を起こし、生贄としての運命から自由になりました（詳細は『あわいの力』参照)。

「心」を手に入れた瞬間は、羌族の人たちにとって明るい未来が開けた瞬間です。それは羌族の人たちのみならず、私たち人類にとってのまさに「福音《ふくいん》(グッド・ニュース)」でした。

しかし、そんなすばらしい福音にも負の部分がありました。「心」には致命的な副作用があったのです。

それは「不安」です。

未来を変え得る力を手に入れたと同時に、人々は将来への「不安」をも獲得してしまいました。また、未来が見えるということは過去も見えるということであり、過去に対する「後悔」も同時に獲得しました。明るい未来の裏に隠れている暗い不安と後悔、その両方を人類に与えたのが「心」でした。

「心」の作用と副作用は長い間、拮抗《きっこう》しつつバランスを取りながら共存し続けてきました。しかし、現代はその副作用のほうが極端なまでに肥大化してしまった時期ではないでしょうか。

羌族の例が示すように、本来は生存のために誕生した「心」です。しかし、現代では、その「心」が生存を脅《おびや》かすまでに増長しています。私たちは「心」の副作用である不安によって自殺をしたりもしてしまうのです。

中天に光り輝く太陽もいつかは光を失うように、「心」はその発生時に持っていた大きな力をいま急速に弱めつつあります。ひょっとしたら現代は数千年間続いてきた「心の時代」の終焉《しゅうえん》期なのかもしれません。

「イナンナ」のような文字の発生時期に近い時代の神話や物語には、「心」が生まれる以前、すなわち「不安」や「後悔」が生まれる以前の神々や人々が描かれています。そして、同時に「不安」や「後悔」を持ち始めた人の姿も描かれています。

この時代の物語を読み、そして上演し、さらに感じ、思考することによって、「心の次の時代」、「心」に代わる何かを生み出す可能性を垣間見る《かいまみ》ことができると思うのです。

二つの「あわいの時代」

人を死にすら追いやってしまうほどに副作用が増長した「心」、それが終わったあとにどんな時代がやってくるか、心に代わるものは何なのか。「心の次の時代」とはどのような時代なのか、そしてそれがいつ来るのか。

それが到来する少し前には、「心」を生み出した文字に代わる何かも生まれるはずです。それが何なのかもとても気になりますが、まったくわかりません。見当もつきません。文字がなかった時代に、文字というものを人がほとんど想像できなかったように、いまここにあるものでは絶対にないし、私たちがふつうに想像できるものでもありません。絵や音楽やコンピュータ言語では絶対にないのです。

全然わからない。だからこそ、まずは「プレ文字社会」、すなわち「心の前の時代」のものを読んだり、演じたりしてみたいと思うのです。

ただ「プレ文字社会」ですから文字がない。文字によって伝えられてもいませんし、むろん読むことはできません。しかし、文字ができてすぐに書かれた文書群には「プレ文字社会」＝「心の前の時代」の記憶が留まっています。「心の時代」でありながら、「心の前の時代」の記憶を濃厚に残している、そんな時代を「あわいの時代」と呼ぶことにします。

「あわい」という言葉は、漢字を当てはめれば「間」ですが、「あいだ」とはちょっと違います。「あいだ」というのがふたつのものに挟まれた間隙《かんげき》を示すのに対して、「あわい」というのは「会う」という言葉からできているように、ふたつのもののお互いを含む、そんな境界が「あわい」です。縁側のようなものです。

この「あわいの時代」のものを読み、演じることによって「心の前の時代」の記憶を探っていきたいと思っています。

そうすることで、「心の次の時代」の手がかりが見えてくるかもしれません。なぜなら、いまが「心」の終焉期だとすると、現代は「心の時代」と「心の次の時代」の「あわいの時代」と言えるからです。

ともあれ、「心の前の時代」の主役こそが「女性」だったのです。「心の時代」＝「男性の時代」とはまったく異なる「女性の時代」とは、どのようなものだったのか。「あわいの時代」に残された「イナンナ」をたよりに、見ていくことにしましょう。

目次

現代語訳「イナンナの冥界下り」

イナンナ、冥界に向かうと決める

大いなる天より大いなる地へとその耳を立てた（心を向けた）。
神は大いなる天より大いなる地へとその耳を立てた。
神イナンナは大いなる天より大いなる地へとその耳を立てた。

我が主は天を捨て、地を捨て、冥界に下った（上った）。
イナンナは天を捨て、地を捨て、冥界に下った。
エンの地位を捨て、ラガルの地位を捨て、冥界に下った。
ウルクのエ・アンナを捨て、冥界に下った。

バド・ティビラのエ・ムシュ・カラマを捨て、冥界に下った。
ザバラムのギグナを捨て、冥界に下った。
アダブのエ・シャラを捨て、冥界に下った。
ニップルのバラグ・ドゥル・ガラを捨て、冥界に下った。
キシュのフルサグ・カラマを捨て、冥界に下った。
アッカドのエ・ウルマシュを捨て、冥界に下った。

イナンナ、七つの「メ（神力）」を身につける

七つの「メ」をつかんだ。
「メ」を集めてその手でつかんだ。
良い「メ」とともに自分の道を進んだ。
一つ目の「メ」である野で頭を守るかぶり物をその頭に置き、
また、鬘《かつら》（儀礼のための被り物）をその額に近づけた。
二つ目の「メ」である小さいラピス・ラズリをその首に吊るした。
三つ目の「メ」である二つの卵型（のビーズ）をその胸に置いた。

四つ目の「メ」である女主人の衣装であるパラでその体を覆った。

五つ目の「メ」である「男よ、寄り来たれかし、寄り来たれかし」という名のコールをその目に置き、また「来い、男よ、来い」という名の胸飾りをその胸に広げた。

六つ目の「メ」である金の輪をその手につけた。

七つ目の「メ」である輝く一ニンダの長さの測り棒と測り縄とをその手に持った。

宰相ニンシュブルにもしもの時のことを告げる

イナンナは冥界へと向かった。
イナンナの宰相のニンシュブル（ガシャンシュブル）が彼女の後を進んだ。
清らかなるイナンナはニンシュブルに言った。
来たれ、エ・アンナの我が忠実な宰相よ。
言葉の良き我が宰相、
信頼できる言葉の我が使い。
私が冥界に下り（上り）いくその日に、

私が冥界に進みいくその日に、
廃墟の上で我がために哀歌を歌え。
哀歌の太鼓シェムを我がために玉座で叩き、
我がために神々の家を取り囲み、取り囲み、
我がために汝がまなこを掻きむしり、汝が鼻を掻きむしり、
誰とも話すことのない秘所で、汝が女陰（お尻）を掻きむしれ。
何も持たぬ者のごとく、一つしかない襤褸《ぼろ》の衣服を我がために着し、
エクル、エンリルの神殿に向かい、ただひとり、その足を立てよ。

汝がエクル、エンリルの神殿に入るときに、
エンリルの前で涙を流せ。

※A

「父なるエンリルよ、御身の娘を冥界で殺す者がおらぬように。
御身の貴金属が、冥界の塵に混じり合わぬように。
御身のよきラピス・ラズリが、石切職人の小石で切り離されてしまわぬように。
御身のよきツゲが、木工職人の木で、分けられてしまわぬように。
おとめイナンナが、冥界において、殺されてしまわぬように」

と告げよ。

エンリルがその言葉に立ち上がらなかった日にはウルに行きなさい！
ウルのエ・ムド・カラにおいて、
ナンナのエ・キシュ・ヌ・ガルに汝が入るとき、
ナンナの前で涙を流せ。

※B

「父なるナンナよ、御身の娘を冥界で殺す者がおらぬように。
御身の貴金属が、冥界の塵に混じり合わぬように。
御身のよきラピス・ラズリが、石切職人の小石で切り離されてしまわぬように。
御身のよきツゲが、木工職人の木で、分けられてしまわぬように。
おとめイナンナが、冥界において、殺されてしまわぬように」
と告げよ。

ナンナがその言葉に立ち上がらなかった日にはエリドゥに行きなさい！
エリドゥでエンキの神殿に入るとき、
エンキの前で涙を流せ。

※C

「父なるエンキよ、御身の娘を冥界で殺す者がおらぬように。
御身の貴金属が、冥界の塵に混じり合わぬように。
御身のよきラピス・ラズリが、石切職人の小石で切り離されてしまわぬように。
御身のよきツゲが、木工職人の木で、分けられてしまわぬように。
おとめイナンナが、冥界において、殺されてしまわぬように」
と告げよ。

父なるエンキ、偉大な知恵の主は、
生命の植物を知り、生命の水を知る。
エンキこそ我を生かす御方。

イナンナが冥界に行くとき、
その宰相、ニンシュブルは、イナンナのあとをついて来た。
その宰相であるニンシュブルにイナンナは言った。
「行け、我がニンシュブル、心せよ。
我が告げし言葉を軽んずることなかれ」

イナンナ、冥界に着く

イナンナは、冥界の宮であるガンゼル宮殿に到着すると、
冥界の扉に強く手をかけ、
冥界の入り口で強く叫んだ。
「開門！　門番よ、開門！
開門せよ！　ネティ、開門せよ。我はただひとり、いまぞ入らん」

冥界の偉大なる門番ネティが、
清らかなるイナンナに答えた。
「御身は誰《た》そ？」
「我はイナンナ、東へ行くもの」
「御身が東へ向かうイナンナ様であるならば、
冥界に向かうは何故《なにゆえ》ぞ。
帰らざる地にその心（腹）を向けるはいかに」

清らかなるイナンナがそれに答える。
「我が姉、エレシュキガル、
その夫、グガルアンナが崩じられ、
その葬送の儀に参列するため、
その通夜に我が姉がたくさんの麦酒を用意してくれたために」と。

冥界の門番の主ネティが、
清らかなるイナンナに答えた。
「お立ちあれ。イナンナ様。我が主人に申し上げましょう。
我が主人エレシュキガル様に、御身の言葉をお伝えしましょう」

冥界の門番の主ネティが、
その主人であるエレシュキガルに、
その神殿に入って告げた。
「我が主よ。若き女性が一人でいます。

御身の妹御イナンナ様が、ガンゼル宮殿に到着され、
冥界の扉に強く手をかけ、
冥界の門で強く叫ばれました。

エ・アンナを捨て、冥界に下り、
七つの「メ」をその手につかみ、
「メ」を集め集めて、それらを手でつかみ、
良き「メ」と共に、その道を歩まれた。
野で頭を守るかぶり物をその頭に置き、
鬘を額に近づけ、
小さいラピス・ラズリをその首に吊るし、
二つの卵型(のビーズ)をその胸に置き、
その身を女主人の衣装であるパラで覆い、
その目に「男よ、寄り来たれかし、寄り来たれかし」という名のコールを置き、
「来い、男よ、来い」という名の胸飾りをその胸に広げ、
その手に金の輪をつけ、
輝く一ニンダの長さの測り棒と測り縄とをその手にお持ちになっておられます」と。

このときエレシュキガルは腿の横を打ち、
唇に歯を立て（噛み）、心（腹）に届くことばを発し、
門番の長ネティに言った。
「ネティ、冥界の門番の長よ、来たれ。
我が言葉を軽んずることなかれ。
冥界の七つの門をかんぬきで結び合わせ、
ガンゼル宮殿の扉をひとつひとつ手で開くようにせよ。
イナンナが、まさにイナンナが、冥界の中に入りしあと、
イナンナがひざまずき、服を脱がされたあと、運び去れ」と。

イナンナ、七つの門で七つの「メ」を剝がされる

ネティ、冥界の門番の長は、
その主のことばに意を注いだ。
冥界の七つの門を、かんぬきで結び合わせた。

ガンゼル宮殿の扉をひとつひとつその手で開き、
清らかなるイナンナに言う。

「御入《い》りたまえ、イナンナ様。御入りたまえ」
イナンナが第一の門を入ったとき、
野で頭を守るかぶり物が取り除かれた。
（イナンナ）「何事やらん」
（ネティ）「静まりたまえ、イナンナ様。冥界のメは満たされてござる。
イナンナ様。冥界の儀礼に余計な口出しは無用でござる」

第二の門を入ったとき、
その首の小さいラピス・ラズリが取り除かれた。
「何事やらん」
「静まりたまえ、イナンナ様。冥界のメは満たされてござる。
イナンナ様。冥界の儀礼に余計な口出しは無用でござる」

第三の門を入ったとき、

その胸の二つの卵型（のビーズ）が取り除かれた。

「何事やらん」

「静まりたまえ、イナンナ様。冥界のメは満たされてござる。

イナンナ様。冥界の儀礼に余計な口出しは無用でござる」

第四の門を入ったとき、
その胸の「来い、男よ、来い」という名の胸飾りが取り除かれた。

「何事やらん」

「静まりたまえ、イナンナ様。冥界のメは満たされてござる。

イナンナ様。冥界の儀礼に余計な口出しは無用でござる」

第五の門を入ったとき
その手の金の輪が取り除かれた。

「何事やらん」

「静まりたまえ、イナンナ様。冥界のメは満たされてござる。

イナンナ様。冥界の儀礼に余計な口出しは無用でござる」

第六の門を入ったとき
輝く一ニンダの長さの測り棒と測り縄が取り除かれた。

「何事やらん」

「静まりたまえ、イナンナ様。冥界のメは満たされてござる。

イナンナ様。冥界の儀礼に余計な口出しは無用でござる」

彼女が第七の門を入ったとき
彼女の体の女主人の衣装であるパラが取り除かれた。

「何事やらん」

「静まりたまえ、イナンナ様。冥界のメは満たされてござる。

イナンナ様。冥界の儀礼に余計な口出しは無用でござる」

イナンナの死

イナンナはひざまずき、服が剝がされ、それは持って行かれた。

姉エレシュキガルは玉座から立ち上がった。

姉エレシュキガルはその玉座から、その尻を上げた。
諸神アヌンナ、七人の裁判官は、イナンナの目の前に、判決を下した。
諸神アヌンナはイナンナを見た。死の眼差しで見た。
諸神アヌンナはイナンナに言った。それは厳しい怒りのことばだった。
諸神アヌンナはイナンナに叫んだ。それは重い罪の声だった。
傷ついた女性は、打ちひしがれた肉となった。
打ちひしがれた肉は、釘から吊り下げられた。

ニンシュブル、イナンナの救助を神々に懇願する

三つの昼と、三つの夜が、過ぎたあとで、
イナンナの宰相のニンシュブルは、
主イナンナのことばに、注意を向けた。
ニンシュブルは廃墟の上でイナンナのために哀歌を歌った。
玉座でシェムの太鼓を叩いた。

イナンナのために神々の神殿を取り囲み、取り囲み、
イナンナのためにそのまなこを掻きむしり、その鼻を掻きむしった。
誰とも話すことのない秘所で、イナンナのために、その女陰（お尻）を掻きむしった。
何も持たぬ者のごとくに襤褸を身にまとい、
エクル、エンリルの神殿に向かい、ただひとり、その足を立てた。

エクル、エンリルの神殿に入ったときに、
ニンシュブルはエンリルの前で涙を流した。
〔※Ａ（14ページ）をいう〕

父エンリルは怒ってニンシュブルに答えた。

「我が娘は大いなる天を欲しがり、大いなる地を欲しがった。

イナンナは大いなる天を欲しがり、大いなる地を欲しがった。

が、冥界の「メ」は欲しがってはならぬ「メ」。そこに至りし者は、冥界にとどまらねばならぬ。

誰がその地に至り、再び戻れようか」と。

父なるエンリルはこのことに立ち上がらなかった。それでニンシュブルはウルに行った。

ウルのエムドクルラにおいて、
エキシュヌガル、ナンナの家に入ったときに、
ニンシュブルはナンナの前で涙を流した。
〔※B（15ページ）をいう〕

父ナンナは怒ってニンシュブルに答えた。

「我が娘は大いなる天を欲しがり、大いなる地を欲しがった。

イナンナは大いなる天を欲しがり、大いなる地を欲しがった。

が、冥界の「メ」は欲しがってはならぬ「メ」。そこに至りし者は、冥界にとどまらねばならぬ。

誰がその地に至り、再び戻れようか」と。

父なるナンナはこのことに立ち上がらなかった。それでニンシュブルはエリドゥに行った。
エリドゥで、エンキの神殿に入ったときに、
ニンシュブルはエンキの前で涙を流した。
〔※C（16ページ）をいう〕

エンキ、ガラトゥルとクルガラを作り、救助に向かわせる

父なるエンキは、ニンシュブルに答えた。
「我が娘は何事をせしや。あまりに我を煩《わずら》わせおる。
イナンナは何事をせしや。あまりに我を煩わせおる。
全土を統《す》べし女王は何事をせしや。あまりに我を煩わせおる。
アンの女祭司は何事をせしや。あまりに我を煩わせおる」と。
エンキは、指の爪から泥を取り、それでクルガラを造った。
エンキは、二番目の指の爪から泥を取り、それでガラトゥルを造った。
クルガラには生命の植物を授け、
ガラトゥルには生命の水を授けた。

父なるエンキはガラトゥル、クルガラに、告げた。
「行け！　冥界に向けてその足を横たえよ！
ハエのごとくに扉を飛び、

霊風のごとくに柱を回れ。
子を産みし母が、その子ゆえに、
エレシュキガルが、横たわっているであろう。
その清らかな肩には亜麻布は広がらず、
その胸はシャガン器のように乳も湛《たた》えず、
その爪は、斧《おの》のごとく、
その髪は、リーキ葱《ねぎ》のごとくにその頭に集まっていよう。

「ああ、我が内（心）が！」とエレシュキガルがいわば、
「ああ、悩める我が主よ。御身の内（心）よ」と汝らは申せ。
「ああ、我が外（からだ）が！」とエレシュキガルがいわば、
「ああ、悩める我が主よ。御身の外（からだ）よ」と汝らは申せ。
エレシュキガルは「汝らは誰ぞ」というであろう。
さらば汝らは答えよ。「我が内より御身の内へ。我が外より御身の外へ」と。
「汝らが神ならば、汝らと語らん。
汝らが人ならば、その運命が定まるように」とエレシュキガルはいうであろう。
天のいのちにかけて、地のいのちにかけて、エレシュキガルに誓わせよ。

（原文一行欠落）


やがてエレシュキガルは「川に湛える水を与えん」というであろうが、それを受けてはならぬ。

また「畑に満つる大麦を与えん」というであろうが、それを受けてはならぬ。

ただ「あの釘より吊るされたる死体を賜《たまわ》りたまえ」と申せ。

「それは汝らが女王の屍骸である」というであろう。

汝らは「我らが王であれ、我らが女王であれ、ただただ賜りたまえ」と申せ。

エレシュキガルは汝らに釘より吊るされたる屍骸を与えるであろう。

その屍骸に生命の植物と生命の水とを注げば、
イナンナは生き返るであろう」と。

ガラトゥル、クルガラの力で甦るイナンナ

ガラトゥルとクルガラはエンキの言葉を胸（頭）に結び、
ハエのごとくに扉を飛び、
霊風のごとくに柱を回り（冥界に着いた）、

子を産みし母が、その子ゆえに、
エレシュキガルが、横たわっていた。
その清らかな肩に亜麻布は広がらず、
その胸はシャガン器のように乳も湛えず、
その爪は、斧のごとく、
その髪は、リーキ葱のごとくにその頭に集まっていた。

「ああ、我が内（心）が！」とエレシュキガルがいえば、
「ああ、悩める我が主よ。御身の内（心）よ」とふたりは答えた。
「ああ、我が外（からだ）が！」とエレシュキガルがいえば、
「ああ、悩める我が主よ。御身の外（からだ）よ」とふたりは答えた。
「汝らは誰ぞ」とエレシュキガルがいえば、
「我が内より御身の内へ。我が外より御身の外へ」とふたりは答えた。
「汝らが神ならば、汝らと語らん。
汝らが人ならば、その運命が定まるように」とエレシュキガルはいった。
天のいのちにかけて、地のいのちにかけて、エレシュキガルに誓わせた。
（原文一行欠落）

「川に湛える水を与えん」といわれたが、それを受け取らず、
「畑に満つる大麦を与えん」といわれたが、それをも受け取らず、
ただ「あの釘より吊るされたる死体を賜りたまえ」といった。
清らかなるエレシュキガルはガラトゥルとクルガラにいった。
「それは汝らが女王の屍骸である」
「それが我らが王であれ、我らが女王であれ、ただただ賜りたまえ」といった。
釘より吊るされたる屍骸は与えられた。
ひとりは生命の植物を、またひとりは生命の水を注ぐと、
イナンナは立ち上がった。

※この訳は、高井啓介先生の授業で教えていただいた和訳に、安田が上演のために一部手を加えたものです。できるだけ原文に忠実な訳を心がけましたので、現代日本語としては意味が通じにくい所もあります。

あらすじ

天と地を統治していた女神イナンナは、ある日、冥界へと心を向ける。彼女は司祭としての地位を捨て、また彼女のために建てられたすべての神殿を捨てて冥界に向かう。代わりに七つの〈メ（神力）〉を身につけて冥界へと向かう。

しかし、冥界は「帰らざる国（行きて帰らぬ国）」と呼ばれる国。一度、そこに足を踏み入れたものは、生きて帰ることはできない。

イナンナは大臣ニンシュブルを呼び、「もし三日三晩、自分が戻らなければ神々のもとに行き、嘆いて助けを求めよ」と命令する。

冥界に到着したイナンナは冥界の門番ネティに取り次ぎを頼む。冥界の女王エレシュキガルは、イナンナの来訪を告げる門番ネティに命じる。

「冥界の七つの門すべてを閉じ、イナンナ自らに開けさせせよ。そして、一つの門ごとに〈メ

〈神力〉〉を引き剝がすように」と。

イナンナは七つの門で七つの〈メ〈神力〉〉を取られ、そして衣服も剝がされてしまった。イナンナは、エレシュキガルと七人の裁判官の〈死の眼差し〉で〈打ちひしがれた肉〉になり、釘に吊り下げられた。

三日三晩、戻らぬイナンナに、約束どおりニンシュブルは神々のところに行き、助けを求めた。しかし自分勝手に行ったイナンナに神々は冷たい。

最後に訪ねた大神エンキは、自分の爪からクルガラ、ガラトゥルという二体の精霊を作り、ふたりに「生命の植物」と「生命の水」を与える。そして（なぜか）病で倒れている冥界の女王エレシュキガルのもとに行き、彼女の心を開いてイナンナの体をもらい受け、「生命の植物」と「生命の水」で生き返らせるようにと命じる。

その通りにした二人の力で、エレシュキガルもイナンナも甦る。

紙面の都合上、現代語訳をしたのはこの前半までですが、後半には以下のような物語が続きます。

エンキの知恵によって甦った女神イナンナ。

彼女が冥界から出て行こうとすると、冥界の神々であるアヌンナたちは彼女を拘束し、「ここから出て行くには身代わりが必要だ」と告げた。そして、それを確実に実行させるために、冥界の悪霊ガルラたちをイナンナにつけた。

冥界を出たイナンナは、泥の衣装でガンゼルの門の塵《ちり》の中に身を投げだして嘆く宰相ニンシュブルに会った。「彼女を身代わりに」という悪霊ガルラたちをイナンナは制し、「彼女は私のために嘆き、命を助けてくれた」という。

次いでウンマに行くと、泥の衣装で深く嘆くシャラ神と会う。悪霊が彼を連れ去ろうとすると「彼は我が歌い手、我が爪を切り、我が髪を整える者」と止める。次にバド・ティビラでは泥の衣装で深く嘆くルラル神に会う。悪霊が彼を連れ去ろうとすると「傑出したルラルは我が右腕、我が左腕」とそれを止める。

イナンナたちは、クラバの野（エディン）の大きなリンゴの木のところに行く。するとそこにはイナンナの夫であるドゥムジがイナンナの不在を悲しみもせず、立派な衣服に身を包み、玉座に崇高に腰をかけていた。それを見たイナンナは「死の眼差し」でドゥムジを見、そして「激しい怒りのことば」を発した。

悪霊ガルラたちはドゥムジを冥界に連れ去ろうと彼のもとに向かう。青ざめたドゥムジはイナンナの兄である太陽の神ウトゥに助けを請う。ウトゥはドゥムジを蛇に変え、その逃亡を助けた。

しかし、結局はガルラ霊たちに見つけられ、ドゥムジは冥界に連れ去られてしまう。

冥界に連れ去られた弟を捜す姉、ゲシュティアンナに、イナンナは年の半分はドゥムジが、もう半分はゲシュティアンナが冥界に留まるようにと運命づけた。

ここにドゥムジを身代わりにしたイナンナの冥界よりの帰還が全うされた。

聖なるエレシュキガル。めでたし、めでたし。

この神話の最後は冥界の女王エレシュキガルを讃《たた》えて終わる。

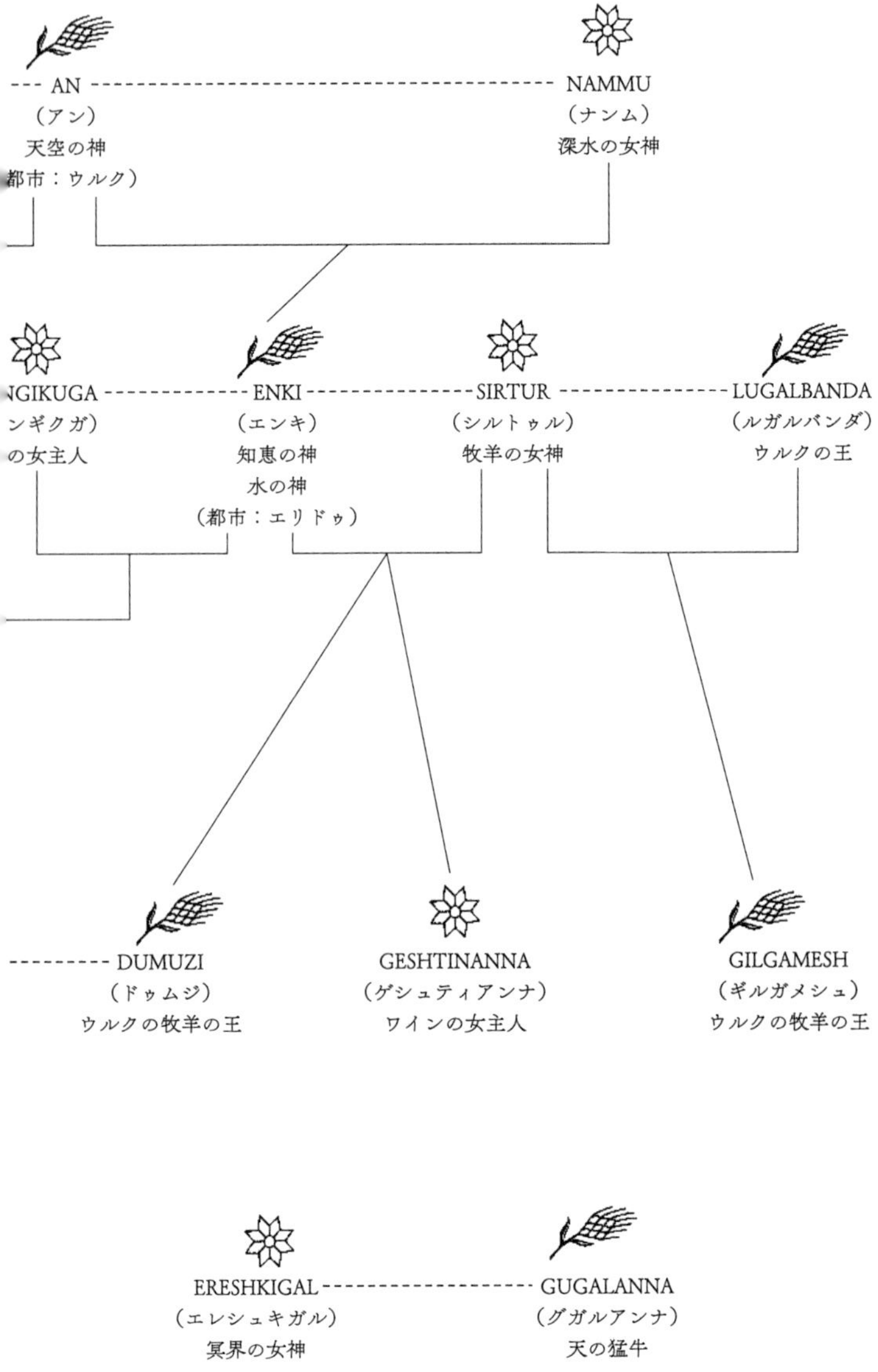
AN
（アン）
天空の神
都市：ウルク）
NAMMU
（ナンム）
深水の女神
NGIKUGA
ンギクガ）
の女主人
ENKI
（エンキ）
知恵の神
水の神
（都市：エリドゥ）
SIRTUR
（シルトゥル）
牧羊の女神
LUGALBANDA
（ルガルバンダ）
ウルクの王
DUMUZI
（ドゥムジ）
ウルクの牧羊の王
GESHTINANNA
（ゲシュティアンナ）
ワインの女主人
GILGAMESH
（ギルガメシュ）
ウルクの牧羊の王
ERESHKIGAL
（エレシュキガル）
冥界の女神
GUGALANNA
（グガルアンナ）
天の猛牛

シュメールの神々の神統図

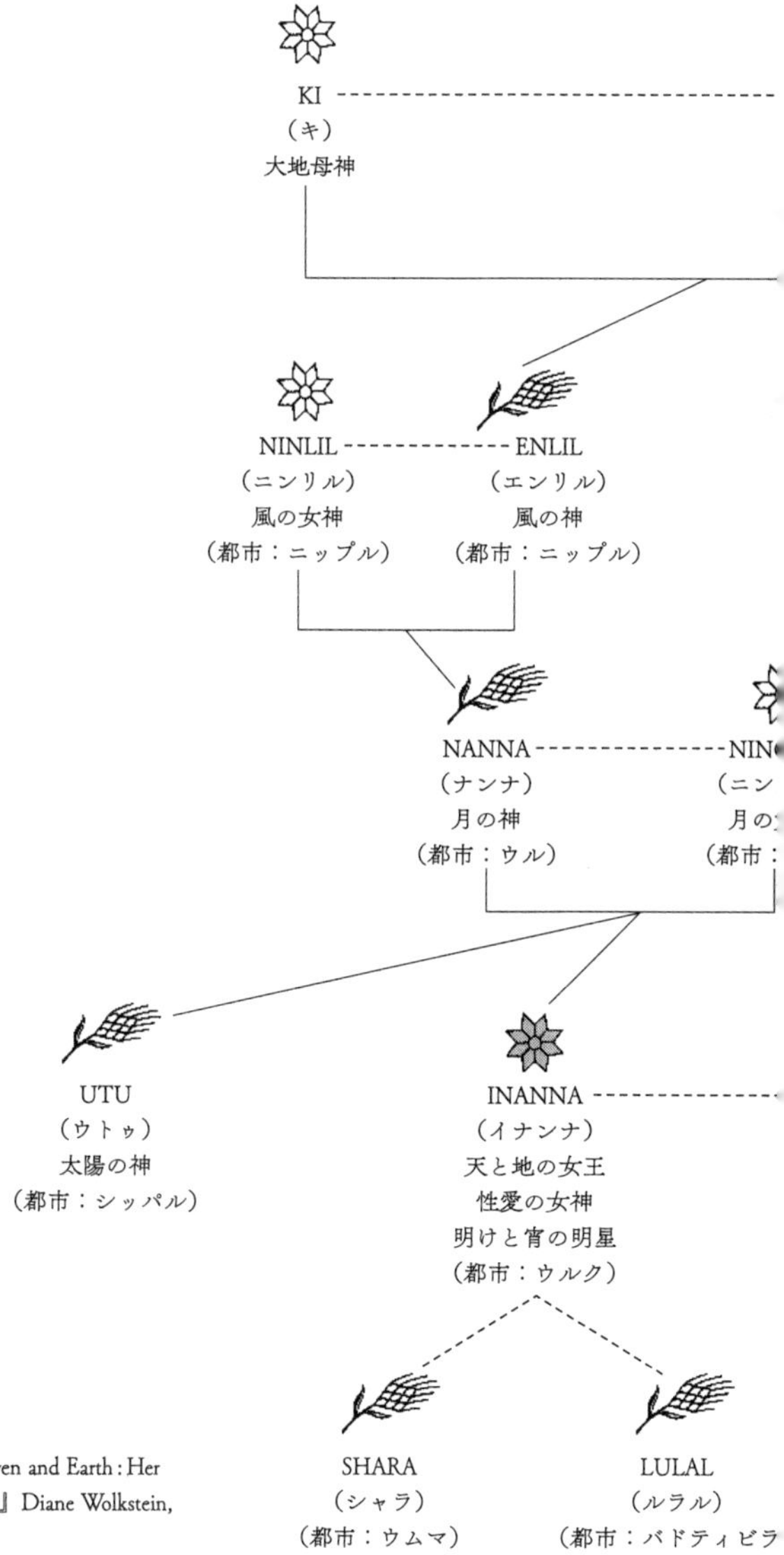

出典:『Inanna, Queen of Heaven and Earth : Her Stories and Hymns from Sumer』 Diane Wolkstein, Samuel Noah Kramer

女神イナンナと女性の時代

理由がなかった時代

「イナンナの冥界下り」（以下、「イナンナ」）を上演してみると、この神話のひとつのピークが、女神イナンナの処刑であることに気づきます。

冥界の女王エレシュキガルと、冥界の神々アヌンナたちの「死の眼差し」によって「打ちひしがれた肉」にされたイナンナは、冥界の釘に吊るされます。

そのさまはイエスの磔刑《たっけい》をも彷彿《ほうふつ》とさせます。

そしてこのとき、私たちはイエスが「男」であったということに突然気づかされるのです。

人類の原罪を背負って磔《はりつけ》にされる最後の聖牲《せいせい》たるイエスは、どうしても「男」である必要があった。それが「心の時代」の必然性であり、そして限界でもあります。「心の時代」である現代は、誰がなんといおうとも「男性の時代」だからです。

しかし、「心の前の時代」、すなわち「あわいの時代」の神話である「イナンナ」は、「女性の時代」の記憶を残す物語です。

「元始、女性は太陽であった」と平塚らいてうは書きましたが、日本にかぎらず、たしかに古代は「女性の時代」でした。それは世界の中心に女性がいたというだけではありません。現代とはまったく違う「ものの見方」や「価値観」を有していた、そんな時代でした。考え方だけでなく、見えるものもまったく違っていたのです。

そんな「女性の時代」が終わるきっかけを作ったものは「文字」でした。文字の獲得によって、私たちの世界はそれまでの世界とはまるきり異なったものになったのです。

ヘレン・ケラーはその自伝の中で、文字を知った瞬間に「後悔」と「悲しみ」というふたつの感情を獲得したと書いています。このふたつの感情は「時間」に関連する感情です。文字はまず「時間」を生み出しました。

そして、「時間」を得た人間は、いまでは当たり前の、しかしそれまでには存在しなかったさまざまな事象を獲得していくことになります。

この辺の推移がはっきり読み取れるのが古代中国の文物です。およそ紀元前一三〇〇年に生まれた漢字が、どのような推移を辿っていくかを見ていくと、文字と時間を獲得した人間がどのように変化していくかが見えてきます。

プロローグにも書きましたが、文字と時間を獲得した人間は、それからおよそ三百年後に「心」という漢字を生み出します。漢字ができた当初は「心」という文字だけでなく、現代の漢和辞典ではもっとも多い部類の「心」系の文字がひとつもありませんでした。そして「心」を獲得した人間は、それからほんの少しあとに「論理」をも生み出すことになります。

漢字で最初に現れる論理は「故（〜だから）」という文字、すなわち「原因─結果」の因果論です。当時の漢字では右側の「攵」がない「古」という漢字が使われています。現在がなぜこうであるかの説明として「A古B」という形で書かれます。Aという「古い」ことがあったから、現在のBがある、という論理です。

これ以前には「理由」もないのです。古代メソポタミアも事情は似ています。

「イナンナ」の最大の謎、「なぜ、天地を支配していたイナンナが、わざわざ冥界に行こうとしたのか」、これについてさまざまに言う人がいますが、しかし理由がなかった時代の神ですから、冥界に行くにも理由などはないのです。

「ただ行く」

それだけです。

また、原因—結果の因果論もない時代の「冥界」には天国も地獄もありません。すべての人が行くあの世、それが冥界、シュメール語でいえば「クル・ヌ・ギ(帰らざる地)」です。

「ムード」としての記憶

さて、漢字の世界を見てみると、文字はやがて「純粋数字」を生み出し、そして「計算」をも生み出しました。

現代の私たちが当然だと思っている「心」も「時間」も「論理」も「計算」も、文字以前の世界にはまったく存在しませんでした。心がないから悩みもない、時間がないから遅刻もない。未来もないし、過去もない。論理がないから遅刻をしても理由をきかれることもない。計算がないから、どこに何時に行こうなんて計画を立てたりもしない。

現在とはまったく違う世界。それが「心の前の時代」としての「女性の時代」です。
しかし、正直にいえば、これらはすべて想像です。「女性の時代」がどんな時代だったかは、それこそ文字による記録が残っていないために、詳しく知ることはできません。ただ、文字ができた頃に書かれた神話や伝説から、私たちは無文字社会や「女性の時代」の記憶の断片を読むことはできるのです。

それが「あわいの時代」の神話、伝説です。これらの神話・伝説を読んだことのある方は、それが極めて混沌としていて、読んでいるうちに登場人物も出来事も混乱してきて、わけがわからなくなったという記憶をお持ちだと思います。

「あわいの時代」の記憶は、曖昧模糊《あいまいもこ》とした記憶です。霧の中の物語です。子どもの頃を思い出してみてください。まだ文字を知らなかった頃の記憶と、それ以降の記憶には大きな差があることに気づくでしょう。

文字以降の記憶は、思い出そうとすると映像や写真や言語が浮かぶ「定着した記憶」です。しかし、文字以前の記憶を覚えている人はほとんどない。一方で、文字を覚えたばかりの頃の「あわいの時代」の記憶は「ぼんやりと」はある。絵も浮かばないし、映像も浮かばない。けれど、何かは感じる。「ムード」としての記憶です。

そして「あわいの時代の神話」にも、その「ムード」を感じます。ですから、そのような神話は、ただ読むのではなく、全身を使って演じてみて、その「ムード」を感じることが大切だと思い、今回も「イナンナ」を演じてみようと思ったのです。

さて、現在、世界宗教と呼ばれるものは、すべて文字と「心」ができたあとに発生しました。たとえば仏教や儒教は紀元前五〇〇年くらいといわれ、キリスト教は紀元ちょうど。

これらの「心」の宗教、あるいは文字の宗教は、すべてが女性を蔑視するか軽視しています。そして、それだけでなく性愛を害悪、あるいは危険なものとして遠ざけています。

ところが「心の前の時代」、すなわち「女性の時代」の神話では、女性は崇《あが》められ、そして性愛も高らかに謳歌されているのです。

「ヴィーナス」や「聖母マリア」にまでつながるイナンナ

そんな「女性の時代」の最古の神のひとりが女神イナンナです。

女神イナンナは、シュメール神話の中でもっとも有名で、そしてもっとも活躍する神です。

しかし、彼女がどのような神であるかをいうことはとても難しい。イナンナはさまざまな顔を持つ女神なのです。それだけでなく、イナンナの神としての性格はあまりに多岐にわたっていて、しかもそれらは相矛盾しています。

イナンナの性格を思いつくままにあげてみると、その一端だけでも以下のようになります。

・豊穣の神
・玉座を与える神（聖婚によって）
・戦いの神
・性愛の神
・神殿娼婦（神殿娼夫を従えることもある）
・司祭
・歌い手、詩人
・放浪者

イナンナは、人々に恵みを与える豊穣の神であるかと思えば、土地や畑をめちゃくちゃにする破壊の神でもある。戦いの女神であるかと思えば、愛の女神でもある。純潔の象徴であるかと思えば、娼婦であったりもする。嘆く王子の涙を受け止め、慈愛あるまどろみで包むような優しい姿を現すかと思えば、敵の頭を犬のように貪《むさぼ》り食うような残虐《ざんぎゃく》さをも併せ持つ。

そんな複雑な、そして強いイナンナの性格は、シュメールの時代が終わってもさまざまに変容し、その神性は受け継がれていきます。

シュメールの次の時代のアッカドではイナンナは「イシュタル」と呼ばれます。そのあとのギリシャ神話では「アフロディーテー」になり、それを継ぐローマ神話では「ヴィーナス(ウェヌス)」となり、さらにはなんと「聖母マリア」にもつながるという女神の祖形のような神様なのです。

シュメールの時代には、イナンナが登場するさまざまな神話や賛歌がたくさん書かれました。それらを読みながらイナンナの性格をもう少し詳しく見ていくことにしましょう。

目に施すシェンビ的な化粧

最初に紹介する次の賛歌では、イナンナは恐ろしい戦いの女神として歌われます（本書の訳はすべてかなりの意訳になっています。原文はオクスフォード大学のＥＴＣＳＬ〈The Electronic Text Corpus of Sumerian Literature〉http://etcsl.orinst.ox.ac.uk/edition2/etcslbycat.php 参照。以下同）。

女神イナンナは、
おのれに反抗する国は破壊する。
異国の土の上にその咆哮《ほうこう》を注ぐ。
敵の頭部を木で打ち砕き、
その死骸を犬のように貪り食う。
恐ろしい赤い眼を持つイナンナは、
その眼を上げる。

また、シェンビ（コール）で彩られた、輝く眼を持ち、
高く誇って、そして後に引くことはない。
常に勝ち誇って立つ。

敵の頭部を木で打ち砕き、さらにはその死骸を貪り食うイナンナ。この賛歌では彼女の目が印象的です。

怒りのために真っ赤になった目を「シェンビ」で彩るイナンナ。シェンビというのは目の周りに塗る化粧、コールです。現代のアラブの女性も目がとても印象的です。顔のほとんどを隠すために目にとくに惹かれます。あの印象的な目は、目の周りに施されるコールによる化粧であり、それがすでにシュメールの時代からされていました。

目の周りのシェンビはただの化粧ではありません。目の周りに化粧をしたり、刺青《いれずみ》を施すことによって、目に呪力を持たせるのです。アイヌや琉球にも目の周りの刺青の風習がありましたし、古代中国にもありました。現代の日本でもそんな化粧は残っています。とくに思春期の子は、自身の心身を守るために、このような化粧をしている場合もあります。目に施すシェンビ的な化粧というのは「自分を守る」という呪力を持つ特殊な化粧、「呪飾《じゅしょく》」なのです。

イナンナは戦いの前に目に呪飾を施して戦場に向かったのです。

イナンナを甘やかすおじいちゃんのエンリル

こんなイナンナですから、人々から恐れられたのは当然ですが、神々も彼女には手を焼いていたようです。次のような賛歌があります。

イナンナは気まぐれだ。
イナンナが何をするかは誰にもわからない。
イナンナなしには、偉大なるアンも決断を下すことはできないし、
エンリル神も運命を定めることができない。

「イナンナ賛歌（Inana C）」より

何をするか誰にもわからない、気まぐれなイナンナ。まるで小さな子どものようです。

シュメール神話や日本神話に出てくる神々には「文字以降（心を持つ）」の神と、「文字以前（心を持たない）」の神とがいます。前者は人間と同じように悩み、葛藤する神です。計画を立て、行動に意味を付す神です。「男性の時代」の神といってもいいでしょう。

それに対してイナンナやスサノオは「心」を持たぬ神、葛藤や悩みなどとは無縁の神です。そりゃあ、強い。

この賛歌で名前があがっている神「アン」は、原初の最高神、天空の神です。アンという名自体が「天」を意味します。また、もうひとりの「エンリル」はアンの子で、神々の王と呼ばれる、これまた最強の神です。ちなみにイナンナのおじいちゃんでもあります。しかし、この二柱《ふたはしら》の最強神ですらイナンナの気まぐれには手を焼きます。

ところが、これはエンリルにも問題があります。イナンナに強権を与えてしまい、彼女をこんなにわがままにしたのは、エンリルにその一因があるのです。

次の賛歌を見てみましょう。エンリルから天と地を与えられたイナンナは、自分こそが唯一の神であると高らかに歌い上げます。

我が父は私に天を与え、地を与え給うた。
我こそイナンナ。唯一の神。比すべき神はいない。
エンリルは私に天を与え、地を与え給うた。
我こそイナンナ。唯一の神。我に比すべき神がいようか。

これに続いて、エンリルが彼女に与えたものを列挙します。

エンリルは私に王権を与え、女王権を与えた。
エンリルは私に戦闘を与え、闘争を与えた。
エンリルは私に嵐を与え、砂塵を与えた。
エンリルは私に王冠として天を与え、履物として地を与えた。
エンリルは我が身を聖衣で包み、我が手に王笏《おうしゃく》を与えた。

エンリルはイナンナに「天と地」「王権と女王権」「戦闘と闘争」「嵐と砂塵」という強さを

すべて与えてしまいました。「天」を王冠として与え、「地」を履物（サンダル）として与えたというのはすごいですね。いい気になっているイナンナはさらに歌います。

神々は小鳥、私はハヤブサ。
諸神アヌンナたちはちょろちょろうろつき回るが、
私は先頭を歩むエンリルの良き野牛。
エクルのエンリル神殿に入るときでも、門番は私を留めることはできない。
大臣も私に「立て」ということはできない。
天は我が物であり、地も我が物である。
我こそ英雄。

自分をハヤブサにたとえ、神々を小鳥と蔑《さげす》むイナンナは、諸神アヌンナ（Anuna）たちを「ちょろちょろうろつき回る」といいます。神々の王であるエンリルの神殿にも出入り自由、もはや彼女を止めることができる神々はいません。

そんなイナンナは、地上のすべての土地、すべての神殿をわがものとしてしまうのです。そりゃあ、いい気にもなります。

義理の父エンキがイナンナに与えてしまったもの

イナンナをいい気にさせたのはエンリルだけではありません。イナンナの義理の父であるエンキにもかなりの責任があります。このエンキも水と知恵を司る神として、エンリルにも劣らぬ力を持つ神です。

「エンキと世界秩序（Enki and the world order 1.1.3）」という神話の中で、エンキはシュメールをはじめとするさまざまな土地や川の運命を定めたのち、神々の仕事も定めました。しかし、そのときイナンナだけには役割を与えるのを忘れてしまったのです。

わがままなイナンナが黙っているわけはありません。何か役割がほしいというイナンナにエンキは「やばい、やばい」とさまざまな役割を与えるのですが、これらがもうめちゃくちゃ。

たとえば、戦場で「喜ばしき言葉」も「不吉な言葉」も語る役割、すなわち戦いの結果を自由に左右する役割です。まあ、これはいいでしょう。しかし、「まっすぐな糸をもつれさせ、もつれている糸をまっすぐにする」役割や、「破壊すべきでないことを破壊し、創造すべきでないことを創造する」役割……こんな役割を与えられたら、そりゃあ、わがままにもなるでしょう。さらには、人の首を屍骸《しがい》の山のように積み上げて、それを種のように蒔《ま》く、なんていうのもあります。こうなるともうわけがわかりません。

そして、エンキのした最大の失敗は、酔っぱらって大事な「メ」をすべて与えてしまったことです。

「メ」とは「霊力」や「神力」とでもいうようなものでしょうか。「霊性」といってもいいかもしれません。それはあるときは「秩序」を表したり、シュメール全体の「神の掟《おきて》」になったりします。また、イナンナが冥界に下るときに身につける被《かぶ》り物や眉墨や衣装になったりもします。

エンキがイナンナに与えてしまった「メ」の一部を紹介しますので、「メ」がいかに多岐にわたるかをご理解ください。

〈メの一覧〉

英雄的精神や強き力、邪気、正直、都市略奪、哀歌詠唱、歓喜の心
虚偽、反逆地、和平状態、移動性、定住性
家具作りや銅細工、皮細工、染色術、書記術などのさまざまな手仕事
理解力、知識、清めの禊儀礼、牧人の小屋、炭を真っ赤におこす術、羊小舎
尊敬、身の引き締まる緊張感、荘重なる沈黙、虫歯、焚付、消火
エン神官職、ラガル神官職、神性、由緒正しき立派な王冠、王権の玉座
高貴な王杖、牧杖、高貴な衣装、牧羊業、王権、エギジ女神官職、ニンティンギル女神官職
イシブ神官職、ルマフ神官職、グドゥ神官職、安定、冥界往来術、クルガラ神官職
剣と棍棒、儀礼奉仕職サグウルサグ、黒い服、派手な服、襟足剃り
軍旗、嵐、震え、性交、口づけ、売春、素直な言葉、悪口、お為ごかし
聖娼、聖なる居酒屋、至聖所ニギンガル、天の巫女、鳴り響く楽器、歌手職、敬老

（参考：『シュメル神話の世界―粘土板に刻まれた最古のロマン』岡田明子、小林登志子）

「ある、存在する」という霊的な語

抽象的なものでもあり、具体的なものでもある「メ」は、現代語に訳すのは難しいのですが、しかし日本や中国の古代の言葉には「メ」に似ているものがあります。

まず、古代日本語でシュメール語の「メ」に該当する語は、「ち」や「み」や「ひ」でしょう。この三語は霊性を表す語です。最初の「ち」は荒ぶる霊性、あとのふたつ、「み」と「ひ」は静かな霊性を表します。

たとえば最初の「ち」はそのままでも抽象的な霊性として機能しますが、それが形を得ると、「血」や「乳」という霊性をもった具体物にもなります。また、この「ち」に他の語がついて、「をろち(大蛇)」や「いかづち(雷)」などのような別の霊性を宿した具体物になったりもします。ほかのふたつの「み」と「ひ」も、たとえば「おおやまづみ(大山祇)」とか「かみむすひ(神産巣日)」などのように、「ち」と似たような働きをします。

シュメール語の「メ」も、古代日本語の「ち」や「み」や「ひ」と同じような働きをもった語であると思われます。

また、「メ」の楔形文字は次のように書かれます。

最初のものが「イナンナ」が書かれたころのもの。あとのものはもっと古い文字で、この物語が口承で伝えられていたであろうころのものです。

実はこの楔形文字にそっくりのものが、古代中国の甲骨文字にあります。これです。

これは現代の漢字にすると「示」になります。「示」は「神」や「祀」や「祭」という漢字の偏にもなるように、「み」「ひ」「ち」と同じく、神性や霊性を表す漢字です。これは、生贄や神位を置く台の象形です。この台から生贄の血や、あるいは灌酒《かんしゅ》が垂れている文字もありま

す。

この「示」に「肉（月）」を「手（又）」で持って置く形を表す文字が「祭」になります。血もだらだら垂れています。

そんなことを考えると楔形文字の「メ」の文字も、もともとは生贄を置く祭卓を表す文字だったのかもしれません。

さて、漢字の「示」の「ジ」という音は「寘（シ）」からきていますが、これは英語の「be」に近い意味です。そして「メ（me）」という音も、シュメール語の「to be」の語根です（トムセン§535）。「示」も「メ」も「ある、存在する」ということからの派生語なのです。

こうなると、もう妄想がどんどん膨らんでしまいます。

『旧約聖書』の「出エジプト記」で、神はモーセに「わたしは、あってあるもの」といわれました（三章一四節）。すなわち神は「存在するもの」なのです。ヘブライ語で神を表す神聖四文字「יהוה（YHWH）」も「to be」がルーツになっているともいわれています。となると「メ」と「יהוה」も何となく発想は近いのかも、なんて妄想してしまうのです。

シュメール語でも古代中国語でもヘブライ語でも、「to be」、すなわち存在を表す語が神的なものだったのです。神性・霊性は、何かに依存してあるのではなく、ただ、そこに独立して厳然と存在する、それが神的なものなのでしょう。

ちなみに、「ち」が「をろち」の語尾になり、「み」は「わだつみ」の、「ひ」は「かみむすひ」の神的な存在を表す語尾になるのは、「示」が「神」や「祭」などの神的なものを表す偏になるのに似ています。そして「YHWH」がイザヤ、エレミヤのような聖書の人名の語尾につくのも似ていますね。

さあ、だいぶ寄り道をしてしまいました。話を戻しましょう。

王を選ぶのはイナンナ

さて、そんなイナンナも、(現代的な意味で) 女らしい姿を見せることもあります。

私は入浴し、洗い桶の中に立ち、彼のために石鹸で体を洗う。
彼のために力の衣装を調える。
彼のために高貴な衣装をあつらえる。
「イナンナのbalbale (Dumuzid-Inana P)」より

恋人のために石鹸で体を洗い、彼のために衣装を調えるとは、「なんて殊勝なイナンナ」なんて思ったりすると大きな間違いです。実はこの賛歌の前には次のようなフレーズがあるのです。

私の女陰（△gal4）は王のため、私のお尻は王のため。
私はすべての人々を凝視して、ドゥムジを王国の神に選んだ。
エンリルに愛されるドゥムジ、私は彼を上げ、その運命を決めた。
我が母は彼を可愛がり、我が父は彼を賞賛する。

イナンナは王権を与える力を持っています。これってすごいでしょ。ある男を王にするかどうかはイナンナにかかっているのです。

ふつうは王が后を選ぶ。后が王を選ぶなんてことはあまりない。しかし、この時代、王を選ぶのは女神であるイナンナなのです。形としてはイナンナは王ドゥムジの后ですが、しかし後代の弱々しい、ただ美しいだけの「お后さま」とはまったく違います。

なんといってもこの賛歌の最初は「私の女陰は王のため」と性器を歌うところから始まります。イナンナと同じような強権を持っていた女王といえばエリザベス一世を思い浮かべますが、しかしエリザベス一世が処女であるといわれたのとはまるっきり違います。イナンナは「私の女陰は王のため」とおおらかに歌うのです。

この賛歌は、このあと性器の賛歌へと発展します。

我こそイナンナ。祝祭の歌い手、賛歌の楽師。
ドゥムジは私の傍らで喜ぶ。
私は私の女陰を誇って歌おう。

私の女陰は角のごとく、私の女陰は荷車のごとく。
私の女陰は天空の船をつなぐ。
新たな三日月のごとく美（魅力）をまとう。
耕されることを待つ砂漠の荒野。
彼が座る、彼の野。
水を湛えた我が野、
私自身の女陰、乙女の女陰。
水を湛えた我が野を誰が耕す。
湿り、水を湛えたこの地に雄牛を放つのは誰か。
「女王よ、王があなたを耕すでしょう。
王、ドゥムジがあなたを耕すでしょう」
我が男よ。私の女陰を耕せ。聖なる唇で私を浴せ。私の尻を……（原文欠落）

「SegmentB」より

「心」が生まれたあとの宗教の多くが性愛を禁止したり、遠ざけたりするのと大違いです。しかも、「女陰を耕す」という語は、男はイナンナの性器を耕すための道具のようでもありますし、唇によって全身を愛撫せよと高らかに歌うイナンナは、処女王(The Virgin Queen)エリザベス一世とはまったく違うのです。

娼婦イナンナ

イナンナの夫はドゥムジですが、イナンナはドゥムジだけで満足しているような女性ではありません。なんといっても「イナンナ」の後半では、自分の身代わりに夫ドゥムジを冥界に送ってしまうという、めちゃくちゃなことをするイナンナです。が、それだけでなくどうもさまざまな男と浮名を流したようです。

とくに有名な相手はビルガメッシュ(アッカド名=ギルガメッシュ)。神話によってはビルガメッシュはイナンナには靡《なび》かなかったとありますが、しかし仲睦《なかむつ》まじく描かれている物語もあり、そこら辺はちょっとあやしい。

イナンナは「娼婦」とも呼ばれています。

彼女がそう呼ばれたのは、後述する聖婚儀礼の影響もあるでしょうが、相手をひとりに決めなかったということもあったのかもしれません。

しかし、だからといってイナンナをふしだらな女性とするのは間違いです。だって、イナンナは自分の好きな男に王権を与え得る女神です。ある意味、後世の王に近い。後世の王のほとんどが、后のほかにさまざまな妻妾《さいしょう》を持っていたのと同じなのです。

まだ比較的自由だった一九八〇年代にチベットを放浪していたことがあります。その頃はチベットは一妻多夫制。ひとりの女性が何人もの夫を持つのです。

街で出会った女子高生とその話になり「それってどうなの」と聞いたら、「だって一夫多妻だったら男がもたないでしょ」とにこやかに答えられてしまいました。彼女のうちに遊びに行ったら、お母さんの寝室には男の写真がいっぱい。

「これ、みんな私の夫なの。いい男でしょ」

そんなふうに自慢されてしまいました。

「女性の時代」は母系社会です。子どもは、そのお母さんから生まれていることは明白です。父が誰であるかなんて尋ねなければ、まったく問題は生じないのです。

古代中国のイナンナ「婦好」

このように、「女性の時代」の女神は、「男性の時代」の神々とはだいぶ違います。日本で「女性の時代」の記憶を残す「あわいの時代」の神話といえば『古事記』ですが、やはり女神の天照大神《あまてらすおおみかみ》が太陽神として最高神のひとりとされています。

「でも、そうはいっても神話でしょ。お話でしょ」

そう思っている方、実は古代中国にはイナンナのような女性が実在していました。「婦好《ふこう》」という女性です。

紀元前一三〇〇年くらい、殷（商）の時代の女性で、漢字を作ったとされる殷の王、武丁《ぶてい》の后として甲骨文に頻出する実在の人物です。

婦好もイナンナと同じくさまざまな顔を持っています。

武丁の后としての性格が第一ですが、彼女は巫女《みこ》でもあります。それもただの巫女ではありません。「人牲に一撃を与える」という、本来は王にしか許されない儀礼をも執り行うことができるほどの祭司でした。祭司としての婦好は、祭司長としての王にも比肩《ひけん》し得る存在だったのです。

霊妙な力を持った呪具、櫛

彼女の巫女としての霊力が並外れていたということが、その文字から想像できます。「婦好」という字は次のように書かれます。

この字は左右に書かれる「女」と、真ん中の「帚（上）」と「子（下）」からなります。「帚」は、神殿を清める聖なる箒《ほうき》です。これを持つことが巫女であることの証《あかし》になります。西洋の魔女も箒に乗りますね。

さて、ともあれ「婦好」の文字で注目したいのは左右の「女」の字です。

この字はひざまずき、両手を前で組む女性を描いた文字ですが、「女」という字の金文は大きく分けると二種類あります。

（A）

（B）

「婦好」で使われているのは（B）のほうの文字ですが、こちらの頭部には櫛が刺さっています。婦好の墓からは、このような棒状の櫛（串）がいくつも出土しています。日本の縄文の遺跡からは棒状の櫛（串）を束ねて「櫛」にしたようなものも見つかっていますが、「櫛」も

「串」も日本語では「くし」と読みます。

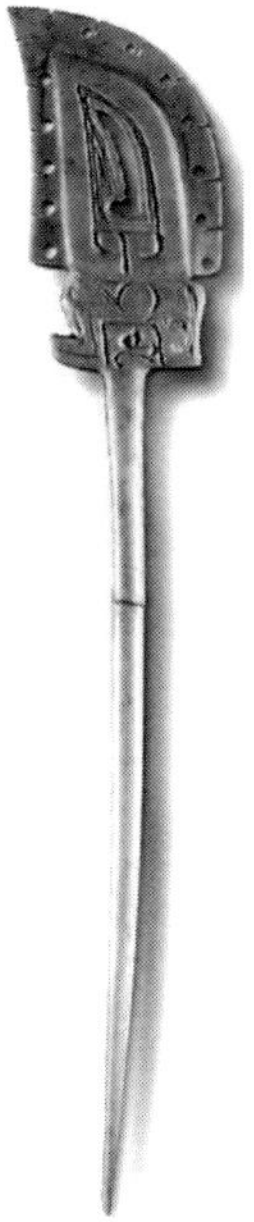

この「くし」という音は「奇《く》し」、すなわち、霊妙、不思議をいう言葉です。櫛（串）とは、ただ髪を梳《す》くだけの化粧道具ではなく、霊妙な力を持った呪具《じゅぐ》だったのです。『古事記』の中で、黄泉《よみ》の国に行ったイザナギ命《みこと》は櫛の霊力によって妻イザナミの本当の姿を見ることができました。

また、八岐大蛇《やまたのおろち》と戦おうとするスサノオ命は大蛇の生贄にされそうになっていた娘を櫛に変えて頭に挿しました（娘の名はまさに櫛名田《くしなだ》姫＝奇稲田姫）。

浦島太郎がもらう玉手箱も、『万葉集』や『風土記《ふどき》』では、美しい（玉）櫛を入れる箱（笥＝け）を意味する「玉櫛笥《たまくしげ》」と書かれます。その中に入っているものは、若者をおじいさんにしてしまう煙ではなく、人間（mortal）を不死の存在（immortal）にする霊妙な煙であり、お爺さんは神仙の山、蓬莱山《ほうらいさん》に飛んでいきます。

『竹取物語』に登場する「玉櫛笥」にも、浦島と同じく「不死の薬」と、そしてあらゆる悲しみや記憶を消し、空中を飛翔することもできる「天の羽衣」が納められています。まさに「くし（奇し＝霊力）」が納められた箱が「玉櫛笥」なのです。

そして、そんなさまざまな「くし（奇し＝霊力）」の中でも、とりわけ重要な霊力のひとつが、あまりに強い霊力、とくに女性の霊力を「封じる」という、毒をもって毒を制するプロテクト霊力です。

遣唐使の船には、航海の無事を祈り続ける呪術者を乗せたといいます。その呪術者は航海中、一度も髪に櫛を入れることは許されませんでした。櫛で髪を梳くと呪力が落ちるからです。その呪術者が髪を梳くことが許されるのは、船が目的地に着いて航海が無事に終わったときだけです。

櫛が封じるのは霊力だけではありません。生命、とくに女性の生命をも奪ってしまうことがあります。白雪姫は「櫛」で殺されかけますし、眠れる森の美女が深い眠りに入るきっかけとなった紡錘《ぼうすい》（spindle）も「串」です。また、『古事記』の中には、やはり「串」の一種である梭《ひ》（杼）を女性器に刺して死ぬ神女の話が載っています。

櫛（串）は、それ自体が霊力のある「奇し」きものであるだけでなく、このように霊力や生命力を奪う力をも持ったものなのです。

そんな櫛（串）の力は、とくに強い霊力を持った女性に対しては、必要不可欠なものでもありました。本人のコントロールを超えた霊力の横溢《おういつ》は非常に危険だからです。

エクスタシー状態の巫女

女性が総髪《そうはつ》を逆立て、さらには両手を空中にひらひらとさせている漢字があります。

神霊に憑依《ひょうい》された巫女がエクスタシー状態になって逆立った髪と両手を振り乱しながら、神託を受けている姿です。金文の「女」、すなわち櫛（串）を頭に挿し、両手を膝の前に置いてひざまずく姿から、櫛（串）を外した姿です。

この字は今の漢字では「若」という漢字になります。「若」という漢字の中にある「口」が神託です。この字は、神託に対して「はい」と言う「諾《だく》」という漢字のもとになっています。

髪から櫛（串）が外されると、こんな特殊なエクスタシー状態、「若」になってしまいます。

ちなみにイナンナが冥界に向かうときに身につける「メ」のひとつに、頭につけるヒリ（hili）があります。これは「祭儀のための鬘《かつら》」です。イナンナもこのヒリを振り乱しながらエクスタシー状態になっていたのでしょうか。

しかし、これは神懸《かみがか》りという特殊状態だから許されるものの、もし日常的にこんなだったら、その人は「狂気」の人として扱われてしまいます。イナンナですら、特殊な状況以外では「メ」である「祭儀の鬘（ヒリ）」は身につけませんでした。

ところが常時、神霊に憑依されたように髪が逆立っている、そんな女性が能の中に現れます。『蝉丸《せみまる》』という能の中に登場する、その名も「逆髪《さかがみ》＝逆立った髪」という女性です。彼女は天皇の娘、皇女ですが狂女と呼ばれます。その姿と狂気のために宮廷を追われて山中を彷徨《ほうこう》するのです。そして、やはり盲目のために宮廷を追われた弟、蝉丸と山の中で再会します。

弟君、蝉丸の弾く琵琶も、霊を招く呪具としての楽器。逆髪の髪も神霊を招くもの。そしてともに貴種というのですからすごいでしょ。その設定のためか、太平洋戦争中はこの能は上演禁止になっていました。しかし、日本の霊性を司る天皇家の娘だからこその狂気です。神が常に彼女について離れない、常時、神懸り状態にあるのです。

彼らが放浪したのは、その強すぎる霊力を解放するためでした。強い薬を服したあとに歩き回って、その気を散ずることが「散歩」の本来の意味だといいます。逆髪も、蟬丸も、その強すぎる霊力ゆえに彷徨して、国中にその霊力を散じていったのでしょう。

さて、話がだいぶあちらこちら飛びましたが、おそらくは「婦好」の櫛もこれです。婦好はあまりに強い霊力を持っていた。だからこそ、櫛が必需品だった。しかも、婦好のすごいところは、その櫛が墓に入れられていたということ。死後まで、その霊力を封じておかなければならなかったほどに、その霊力は強かったのでしょう。

逆髪が「狂女」といわれたように、現代にこのような人がいたら病名をつけられて隔離されてしまうでしょう。あるいは変人とかアブナイ人だと言われてしまうでしょう。しかし、そのような人こそ、イナンナや婦好や逆髪のような超強力な力を持つ人かもしれないのです。

戦う女王

さて、婦好の強すぎる霊力は、戦いにおいてもっともその力を発揮しました。イナンナがそうであったように、婦好も戦う女性でした。しかも、イナンナと同じくかなり強い将軍でした。

婦好は当時、最大・最高の軍の戦闘司令官だったと考えられています。甲骨文を読むと、婦好が一万三千の兵士を率いて征討に赴いたさまが描かれています。ほかの甲骨文を見ても、当時、これだけの兵士を率いて遠征をした人は男性にも女性にもいません。

(甲骨文)

婦好にしろイナンナにしろ女性が戦闘の最高指揮官というのは、現代ではイメージしにくいことですが、日本でも神功皇后《じんぐう》は戦う女王でした。また神功皇后は、婦好、イナンナと同じくかなり強い霊力を持った巫女でもありました。男が中心の「心の時代」の目で見ると不思議なことも、古代では当たり前のことだったのです。

また、「婦」がつくのは婦好だけではなく、婦井（刑）とか婦媟とかさまざまな「婦」の人々がいて、婦好はその総帥《そうすい》でもあったようです。

となると、ひょっとしたら婦好は、そんな「婦」グループである女性軍団を率いていた将軍だったのかもしれません。そして、この婦好軍団は男性を凌駕《りょうが》する力を持っていた。いや、むしろ古代においては女性こそが戦う性だったのかもしれません。

「目」で戦う

さらに、婦好軍団の戦いの仕方はどうも今のそれとは違っていたのでは、と想像する人もいます。彼女たちは「目」で戦っていたのではないかと。

だとすると、まさにイナンナ。前に引用したイナンナの賛歌の中に次のようなフレーズがありました。

恐ろしい赤い眼を持つイナンナは
その眼を上げる
また、シェンビ（コール）で彩られた、輝く眼を持ち

この「シェンビ（コール）で彩られた、輝く眼」というのはただの化粧ではなく「呪飾」だったと前に書きました。シェンビも「メ」のひとつで、イナンナは冥界に下るときに、そのシェンビを目に施しましたが、戦いの前にも目に呪飾を施しました。それと同じく婦好軍団の女性たちも目に呪飾を施していたようなのです。

甲骨文字ではこうなります。

これをいまの漢字に直すと「⿱䒑罒」。「夢」という漢字の上の部分として残っています。「夢」、とくに悪夢は、シェンビをつけた巫女によって見せられると考えられていたようです。私たちも悪夢を見ると、翌日までその影響が残ることがあります。悪夢は実害を招くのです。しかし、呪飾を施した目の呪力はそれだけではありません。

「⿰女目」を現代の漢字にすると「眉」になります。そして、「眉」に「女」を加えた文字が「媚」です。

これよりも後の時代（漢代）の話ですが、目に呪飾を加えた女性は「媚蠱《びこ》」という特殊な呪儀をなす巫女となり、人形《ひとがた》や嬰児《えいじ》の死骸などを用いた「巫蠱媚道《ふこびどう》」という強力な呪詛《じゆそ》を操る巫女として恐れられる存在になります。

後代になっても、そんな強力な呪詛を操るのですから、戦争などでそんな力が使われたら大変です。ですから「媚」を殺すことは古代の戦争においては重要でした。媚を殺害するという漢字は、「⿰女目（目に呪飾を持つ女性）」と「伐（戈《ほこ》による殺害）」、すなわち「蔑」の字になります。

ちなみに「甍」がつく文字としては「甍《いらか》」もあります。呪飾を瓦につけることによって悪霊の侵入を防ぎ、家を守る。日本では鬼瓦がそうですね。狂言『鬼瓦』では鬼瓦を見た男が妻を思い出したりします。鬼瓦ももともとは女性だったのかもしれません。

豊穣と多産と奔放な性

婦好は強力な巫女だったというお話をしましたが、巫女には「豊穣を祈る」ことと「神託を受ける（占い）」という二つの大きな役割があります。豊穣は穀物の豊穣だけではありません。古代においては子どもをたくさん産むということも豊穣の大切な側面でした。

婦好は、その出産にも深く携わっていました。実際に婦好が産婆のような役をしたのか、あるいは出産に関係する呪術に関わったのかはよくわかりませんが、しかし人の誕生に関わる女性であったことは確かです。

これはイナンナも同じです。

アッカド語で書かれた「イシュタル（イナンナのアッカド名）の冥界下り」では、イシュタルが冥界に行ったあとの世界が次のように書かれます。

イシュタルが冥界に下りてからは、
牡牛《おうし》は牝牛《めうし》に挑みかからず、牡ロバは牝ロバをはらませず、
街では男が女をはらますこともなく、
男はおのれの部屋によこたわり、
娘はおのれの脇腹のうえによこたわる。

性愛の女神でもあるイシュタル（イナンナ）がいなくなった世界では、人も動物も生殖活動をやめてしまったのです。

そんなイナンナを目覚めさせる儀礼が「聖婚」儀礼です。人間の王と女神イナンナ役の巫女とが性的な儀式をすることによって、眠っていた豊穣の神を目覚めさせ、そして来《きた》るべき年の豊穣を予祝します。

この「聖婚」儀礼は世界中にあり、たとえば日本でも大嘗祭《だいじょうさい》における「嘗殿《しょうでん》の秘儀」は、天の羽衣《はごろも》を着して天界の存在となった天皇が、天照大神との共殿共床の関係になることであろ

う と西郷信綱氏はいいます。また、氏は記紀に載る天皇の求愛歌も「聖婚という観点から見直さねばならぬものがあるように思う」（『古事記研究』）と書きます。

それに庶民が加われば、歌垣《うたがき》のような乱交になることもあるし、あるいは西洋においてそれは聖杯と槍との象徴的な儀礼として形を変えることもありますが、しかしその底辺に流れる豊穣の神としての女神の性に対する奔放さがあったのではないでしょうか。

ちなみにイナンナが冥界に下るに際して身につけた「メ」のひとつである、目に施した呪飾は「ル・ヘエム・ドゥ・ヘエム・ドゥ（lu2 he2-em-du he2-em-du）」と呼ばれます。意味は「男よ、寄って来い、寄って来い」。シェンビは敵を圧するための戦いの呪飾であるだけでなく、男を招くための呪飾でもあるのです。

豊穣と多産と奔放な性、これらはすべて結びついて豊かな世界を作り出していました。世界宗教と呼ばれる多くの宗教の特徴である、女性蔑視と性のタブーがまだまだ出現していない、なんともおおらかな世界です。

婦好にあって、イナンナにないもの

さて、「あわいの時代」の婦好と、「あわいの時代」の神話の女神イナンナ。とても似ているのですが、しかし、婦好にあって、イナンナにないものがひとつあります。

それは「死」への関わりです。

出産・分娩にも深く関わった婦好は、同時に人の死にも関わりました。葬礼にも婦好の名前は頻出します。「死」にも関わる婦好は、それこそゆりかごから墓場まで、社会生活のすべてにその影響を与えていました。

メソポタミア神話では「死」に深い関わりを持つのは「イナンナの冥界下り」の第二の主人公であるエレシュキガルです。

イナンナの姉とされるエレシュキガルは、贈り物として冥界に送られてからは冥界を統《す》べる女神となりました。姉が冥界を統治しているわけですから「死」に関してはイナンナに出る幕はない。

それが面白くないからイナンナは冥界に行ったんだという人もいますが、このふたりは同一人物のふたつの面ではないかという人もいます（『神話にみる女性のイニシエーション』シルヴィア・B・ペレラ）。

実はこのふたりの名前はかなり似ています。

「イナンナ」は、古くは「ニン・アン・ナ」と呼ばれていたといわれています。最初の「ニン」は楔形文字で書くとこうなります。

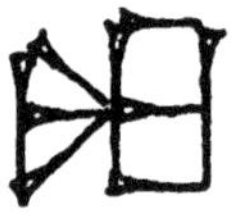

左側に女性の性器を表す「▷」があるこの字は、「高貴な女性」「主《しゅ》」を意味します。

「アン」は「天」、最後の「ナ（ア）」は「〜の」で、「ニン・アン・ナ」とは「天の主」、「天にまします我らが母よ」を意味します。

また「エレシュキガル」の「エレシュ」は楔形文字では「ニン」とまったく同じ字で、やはり「主」を意味します。「キガル」は「キ（地）」「ガル（大いなる）」で「冥界」を意味します。すなわちエレシュキガルとは「冥界の主」「大地にまします我らが母よ」です。

ひとりが「天の主」で、ひとりが「冥界の主」、昼の女王と夜の女王、「生」の女王と「死」の女王です。

お互いがお互いのシャドウ（影）なのです。

女性には、すべてを生み出す「生（エロス）」の側面と、すべてを呑み込む「死（タナトス）」の側面があります。「毎」という漢字は、さんずいをつければ「海」になります。海は日本語でも「産み」に通じるように万物を生み出す「生」の象徴。しかし日をつければ「晦」になり暗闇という意味になります。

そして、この「イナンナ」の神話は、女性の持つエロス（生）とタナトス（死）のふたつの世界の合一、ユングのいう「個性化（identification）」を意味するのではないかともいわれています。

「ただ行った」だけ

このように、この神話をひとりの女性の中の二面性と考えることも確かにできますが、しかしここに時間の軸を入れてみると、「心の前の時代」のイナンナが「心の時代」のエレシュキガルと一体化したことによって「心」の世界を手に入れた（というか、手に入れてしまった）と読むこともできます。

この神話にはイナンナの冥界下りの理由が何も書かれていません（一カ所ありますが、それは言い訳です）。イナンナは他意なく冥界にやって来た。それを我が領地を脅かしに来たのだと怒ったのは、エレシュキガルの勘ぐりです。

これに似た物語が『古事記』にあります。

スサノオと、その姉アマテラスの物語です。亡き母に会いたいと髭《ひげ》が胸に届くまで泣き続けるスサノオを、その父イザナギは追放します。スサノオは天上界を去るための挨拶をしにアマテラスのもとに行くのですが、アマテラスは「これはよからぬ気持ちで来たのにちがいない」と軍装して待ち構え、「なぜ、ここに来た」と足を踏み鳴らしながら怒鳴ります。

これはイナンナの来訪を聞いたエレシュキガルが、太腿の横をたたき、唇を嚙み、心（腹）に届く言葉を吐くのに似ています。

しかし、スサノオにもイナンナにも理由も他意もない。「ただ行った」だけなのです。

イナンナが冥界に下る際に身につけた「メ」を、その身を守るためのものだったという人もいますが、精神科医の大島淑夫《よしお》氏は「あれはエレシュキガルへのプレゼントのつもりだったのではないか」といいます（ガンを宣告された方に対するケアを主にされている大島淑夫氏は「イナンナ」について、ガンを宣告された方、とくに女性の問題と関連して興味深い考察をされていますが、紙幅の関係で今回はご紹介することができません。残念）。

アマテラスは、文字を知る帰化人的な神だったのでしょう。それに対してスサノオは文字を知らぬ縄文的な土着の神。まさにエレシュキガルとイナンナです。

イナンナは何も考えない「心の前の時代」の神で、エレシュキガルは「心の時代」の神です。

「死」を知ったイナンナ

イナンナは、何も考えずに、ただただ遊びまわっていた幼いころの自分に似ています。ときには虫の脚を千切ったり、カエルにいたずらをしたりと残酷なことも平気でします。そうかと思うと花の美しさにうっとりと何時間もその前に座り続け、見ほれていたりもする。が、その花びらを千切ったりもする。どんなに走り回っても、遊びつかれるということはない。その代わり、スイッチが切れたように突然眠ってしまう。「時間」という概念がないから、感情を持続させることもない。いま泣いていた子が突然に笑い出す。何をするにも、しないにも「理由」がない。気の向くまま。

それが子どもであり、そしてイナンナです。

それに対してエレシュキガルは、役割として「いい子」であることを押し付けられたお姉ちゃん。自由奔放、天衣無縫《てんいむほう》な妹がうらやましくてたまらないが、だからこそ、うとましくもある。その無縫な天衣をずたずたに引き裂き、自由奔放さを奪ってやりたくなる。

だから怒り、死の宣告をし、「打ちひしがれた肉」にして釘に吊るしてしまう。

しかし、本来一体であるふたり。イナンナは、エレシュキガルにとっては「過去の自分」だったのです。イナンナが「打ちひしがれた肉」になったとたんに、エレシュキガルも倒れてしまいます。

その後、大神エンキのはからいで甦るときにも、まずは姉であるエレシュキガルが元気になり、そのあとイナンナが「立ち上がり」ます。

さて、ふたりが出会い、ともに死を経験し、そして甦ったあと、イナンナに大きな変化が訪れます。

イナンナは「死の眼差し」を手に入れるのです。

イナンナは冥界で「死の眼差し」によって殺されます。その「死の眼差し」の持ち主がエレシュキガルなのかアヌンナたちなのかは本文からでは明確には読み取れませんが、しかしどちらにしろ冥界のもの。エレシュキガルに属するものです。

その「死の眼差し」をイナンナが手に入れた。これは彼女が「死」とも関わり始めたことを意味します。

イナンナはとうとう「死」を知ってしまったのです。私たちも、幼い子どもの頃は「死」を知りません。祖母の葬儀に出て、なぜみなが泣いているのかがまったくわからなかった記憶があります。虫やカエルを簡単に殺してしまうのもそうでしょう。

「死」こそが「心の時代」の最大の産物のひとつなのです。

「死」というものは、実は「心の前の時代」には存在しませんでした（『古事記』には「しぬ」はあっても「死」はありません）。彼女は「死」を知り、「心」も手に入れ、そしてとうとう「心の時代」に入っていくことになるのです。

エピローグ

不安創出社会のなかで

「結婚」こそが女性の幸せだと信じられていた時代はとうに過ぎ去り、男を凌駕《りょうが》するほどのキャリアアップをして、会社の経営陣に入ることを目指した「キャリアウーマン」なんて言葉もいまでは死語の仲間入りです。「女性の登用」などという人もいますが、それこそ男性原理からの発言以外の何ものでもありません。

現代において女性が幸せになるとはどういうことなのでしょうか。

いや、いや。これは女性の問題だけではありません。

どこに行ってもわずらわしい人間関係に疲れ、時間に追われ、気がつけば定年。身についたものはほとんどなく、自分自身をすら消費し続けた人生だったと気づく。

知人のご尊父は、某一部上場会社で社長までされた方。しかし、定年を迎えたとたんに「知人は多かったが、友だちは誰もいなかった」と気づいたといいます。

それもこれも、「心の時代」の申し子である「不安創出社会」のなせるわざです。子どもの頃から「いい学校に、いい会社に入らなければ」と言われ続け、就職したらしたで「少しでも早く出世しなければ」と周囲との競争のなかに投げ込まれ、「将来のために」とローンを組まされ、死に臨めば臨んだで「子孫に禍根《かこん》を残さぬように」と迫られ……。

棺桶に入るときになってはじめて「『来るかどうかもわからぬ未来の不安』のために現在を浪費し続けていた人生だった」と気づく。

このような不安の創出と、その解消の「可能性（のみ）」を示すことによって、多くのビジネスは成り立っています。しかも心の構造上、「不安」というものはどのようにしても解消できないようにできているため、私たちは神経症のように次々と消費を繰り返してしまうのです。

しかし、「心の前の時代」の人に「将来のことを考えなさい」なんてことを言ったら、「え、何いってんの。全然わかんない」「そんなこと知ったことか」と言われてしまうでしょう。

競争を中心とした男性社会ではなく、共存こそが一番という女性社会の中で人々が生きていたのが、本書で扱ってきた「心の前の時代」です。しかし、そんな社会でも夢のような社会ではなかったことは当然ですし、ましてやその時代に戻ることはできません。

私たちは「よかった昔」に戻ることは絶対にできないのです。

「夢」に似た世界

能を大成した世阿弥《ぜあみ》は「過去はどんどん切り捨てなさい。なぜならば過去は自分の中に残っているから」といいます。同じように「心の前の時代」も、私たちの中に残っています。

「心の前の時代」の最大の特徴は、将来の計画を立てないということです。私たちは、たとえば待ち合わせのような簡単な行為でも「何時にどこに着くには、うちを何時に出て、どこをどう通って」のように計画を立てます。ところがそんなことをしないのが、「心の前の時代」の人々です。

だって「時間」そのものがないのですから。

「あわいの時代」のものを読んでみると、「心の前の時代」にはこのほかにもいくつかの特徴があることがわかります。

ひとつは色が少ない。色だけではない。匂いも少ない。また、計画を立てたり、未来を考えたりしないだけではなく、時間そのものも交錯している。過去が未来になったり、未来が過去になったりする。いやいや、それどころではない。主体すらもはっきりしない。ある人が突然他の人になったり、その人がまた違う人になったりする。

多くの人にとって、『古事記』のスサノオとオオクニヌシとヤマトタケルの事跡が混乱するのはこれです。

ざっくりいえば、あらゆる差異が不明瞭なのです。

これ、「夢」に似ていませんか。

私たちは夢の中で将来の計画を立てることは（たぶん）ありません。「いつも追いかけられるあの怪物を倒すために、これをこうして、あれをああして」などという怪物打倒計画を策定するなんてことはしません。時々極彩色の夢を見ることはあっても、多くの夢では色も薄い。匂いもあまりない。場所も、そして人物も突然変わるし、時間なんてめちゃくちゃです。

「心の前の時代」は「夢」そっくりです。すなわち「心の前の時代」は夢として、私たちの体内に宿っているのです。

「心の前の時代」の社会は女性が中心でした。父親が誰かなんて大した問題ではなかったので、性もおおらかでした。だからこそ、それを否定して現れた「心の時代」の宗教である仏教やキリスト教は、女性や性愛を遠ざけました。中国での「心の時代」の代表的な人物といえば孔子です。孔子の言行録である『論語』の中で「女」という字は、ほとんどが「汝」という意味で使われています。「女」の意味で使われているところをようやく見つければ、「ただ女子と小人《しょうじん》とは養い難しとなす」という、なんとも女性を小ばかにした文です。

しかし、孔子がもっとも大事にしたのは「恕《じょ》」です。この字は「如」と「心」からなります。「如」というのは、本書でもお話しした「若」(69ページ)と同じく、巫女が神霊に憑依され、エクスタシー状態になって、神託を得ることを表す文字です。

神との一体化を表す「如」は、人間同士ならば、他者との一体化を意味します。この字の中に「女」が入っているように、孔子がもっとも大事にした他者との一体化は、男性よりも女性のほうがずっと得意なのです。

どんなに女性性を無視しても、孔子の無意識のうんと深いところには女性性、すなわち「心の前の時代」が底流として流れていた。私たちが無意識の深い夢の部分に、「心の前の時代」

を残しているように、です。

歴史から抹殺された存在

しかし「心の時代」は、執拗にそれを排除してきました。

先年（二〇一二年）、台湾の故宮博物院で婦好に関する展覧会が「商王武丁と后婦好」として開かれました。婦好と、その夫である武丁の姿を浮き彫りにしようとする展覧会で、大陸で出土した婦好に関する多くの文物が一堂に集められました。婦好の墓のある大陸の殷墟《いんきょ》にも何度か行きましたが、これだけの文物が一堂に会することはなく、この展覧会のすばらしさに、会期中に二度、台湾に足を運びました。

しかし、驚くべきことにいつ行ってもガラガラなのです。こんなにすごい展覧会なのにお客さんがほとんどいない。故宮博物院のカフェで働いているお姉さんに「行く予定は」ときいたら、「ない」という返事。「なぜ」と尋ねると、「だって教科書に載っていなかったし」というのです。

そうなのです。婦好は長い間、歴史から抹殺され続けた存在だったのです。私たちが彼女の存在を知るようになったのは、甲骨文に何度も何度も登場するからです。しかし、彼女は『史記』をはじめとする歴史書には一切現れません。「夢のような話」という物言いが揶揄《やゆ》を含むように、「心の前の時代」というのは否定されるべき時代だったのです。

未来が見える⁉

しかし、現代は心の副作用がかつてないほどに増大しています。本来は生存のために生み出された心が、むしろ私たちの生存を脅かしています。悩みや不安という心の副作用のために自殺をしてしまう人があとを絶ちません。

私たちは、悩みや不安のなかった「心の前の時代」に強いあこがれを持ってしまいます。しかし、先ほども書いたように、過去に戻ることはできないのです。私たちは先に行かなければなりません。

「心」に代わる何かを生み出さなければなりません。「それ」が何なのかは皆目見当《かいもく》がつきません。しかし、私たちがどんどん「心」に抑圧され、そして無意識の大海がその抑圧に耐えきれずに溢れ出したとき、すなわち私たちが心の底からそれを望むようになったとき、「それ」は突如として出現するのではないでしょうか。

それが出現した次の時代がどんな時代かもわかりませんが、ヒントは過去の中にあります。過去の人たちに見えなかったものが、いまの私たちには見えています。たとえば「未来」がそうです。友だちと遊ぶ約束をしたとたんに、遊んでいる様子が見えます。もっとすごいこともできます。たとえば家の設計図を描けば、その完成図が見えます。会計士はBS／PL（貸借対照表／損益計算書）を見れば、その企業の来年の姿を見ることができるでしょう。医師は検査結果からその患者の未来を見ることができます。

となると、いま私たちに見えないもの、聞こえないことが、次の時代の人には見えている可能性があるのです。しかも、その見る、聞くは網膜や鼓膜という感覚器官を超越しているでしょう。

私たちはものを見るときには眼球や網膜を使っていると思い込んでいます。が、そうではありません。たとえば夢を見るときには目を瞑《つぶ》っています。眼球も網膜も使っていません。私たちは感覚器官を使わずに感受作用をなすことが可能なのです。

次の時代の人たちは、そのようにものを見、ものを聞いている可能性があります。

いや、現代でもそうしている人がいます。たとえば統合失調症の人たちです。あるいは幻覚剤を使っている人たちです。私たちは、彼らのそれを「幻聴」だとか「幻視」だとかいってバカにしたりします。

しかし、「心の前の時代」の人に「未来が見える」といったら、私たちも「幻視」だとバカにされたかもしれないように、私たちは彼らをそのように見ている可能性があるのです。

ひょっとしたら彼らが「見ている」ということこそが本当で、私たちは「幻視」と呼ぶそれを見るためのなんらかの制限を、それこそ無意識にかけているのかもしれません。イエスが「まず自分の目から丸太を取り除け」（『新約聖書』「マタイの福音書」七章五節）というように、私たちは目の上に大きな丸太を載せているのかもしれません。

自分たちがどんな制限をかけているのか、それを知るためにも「心の前の時代」を知り、そして「心の時代」との比較をすることは有意義です。

だからこそ「イナンナの冥界下り」をはじめとする「あわいの時代」の作品を上演したいと思っています。

また、この制限を外すツールとしてVR（バーチャルリアリティ）の可能性に興味を持っています。近いうちにVRを使った作品も作ってみたいと思っています。どうぞお楽しみに。

※本書は現代語訳をはじめ、高井啓介先生からたくさんのご教示とご協力を得ていますが、しかし内容に関してはすべて安田の責（というか独断）に帰します。高井先生には「そんなことはないだろう」と思われることも多くあると思われます。どうぞそのあたりお含みおきください。

安田登
やすだ・のぼる

1956年千葉県銚子市生まれ。能楽師のワキ方として活躍するかたわら、甲骨文字、シュメール語、論語、聖書、短歌、俳句等々、古今東西の「身体知」を駆使し、様々な活動を行う。「イナンナの冥界下り」をシュメール語で能楽を柱に上演する公演は、2015年11月から各地で随時行われる予定（http://inana.tokyo.jp）。著書に『異界を旅する能～ワキという存在』(ちくま文庫)、『日本人の身体』(ちくま新書)、『あわいの力～「心の時代」の次を生きる』『すごい論語』『三流のすすめ』(ミシマ社)など多数。

イナンナの冥界下り
2015年12月 1日　初版第一刷発行
2022年10月14日　初版第二刷発行

著　者　安田登
発行者　三島邦弘
発行所　(株)ミシマ社京都オフィス
郵便番号　602－0861
京都市上京区新烏丸頭町164－3
電　話　075(746)3438
ＦＡＸ　075(746)3439
e-mail　hatena@mishimasha.com

装　丁　寄藤文平・鈴木千佳子（文平銀座）
組版・印刷・製本　(株)シナノ

ＵＲＬ　http://www.mishimasha.com/
振　替　00160-1-372976　ISBN978-4-903908-70-0